“贵州乡村振兴”书系获
贵州出版集团有限公司出版专项资金
资　助

“农·村·健·康·生·活·知·识·手·册”丛·书

# 农村运动健康知识手册

贵州省疾病预防控制中心 / 编
汪姜涛　徐莉娜 / 主编

·贵　阳·

图书在版编目（CIP）数据

农村运动健康知识手册 / 贵州省疾病预防控制中心编 ; 汪姜涛, 徐莉娜主编. — 贵阳 : 贵州科技出版社, 2023.7

（“农村健康生活知识手册”丛书）

ISBN 978-7-5532-1235-7

Ⅰ. ①农… Ⅱ. ①贵… ②汪… ③徐… Ⅲ. ①运动保健—手册 Ⅳ. ①G804.3-62

中国国家版本馆CIP数据核字(2023)第140654号

农村运动健康知识手册

NONGCUN YUNDONG JIANKANG ZHISHI SHOUCE

出版发行 贵州出版集团 贵州科技出版社

地　　址 贵阳市观山湖区会展东路 SOHO 区 A 座（邮政编码：550081）

出 版 人 王立红

经　　销 全国各地新华书店

印　　刷 贵州新华印务有限责任公司

版　　次 2023 年 7 月第 1 版

印　　次 2023 年 7 月第 1 次

字　　数 46 千字

印　　张 2.5

开　　本 787 mm x 1092 mm　1/32

定　　价 12.00 元

# “贵州乡村振兴”书系编委会

# “农村健康生活知识手册”丛书编委会

# 总序

“贵州乡村振兴”书系诞生于如火如荼实施的乡村振兴战略大背景之中，从立意、策划、约请作者、编辑书稿、整体设计，直至当前首批成果即将付梓，时间已过去三年。三年中，书系历经多次思路的调整和具体方案的修改，人事也多有变更，但书系所有参与者为乡村种植、养殖产业发展提供技术服务，为乡村生态文明建设提供价值引领，为乡村振兴取得新成果进行总结与宣传的“初心”，迄今没有改变。

编辑出版“贵州乡村振兴”书系，主要目的是让最前沿的科学知识和成熟的实用技术尽快转化为解决实际问题的要素和生产力提升的推进器。伴随着“贵州乡村振兴”书系抵达田间地头，实用知识和技术“飞入寻常百姓家”。在中国这样有着悠久历史的农业大国，农业科学技术日新月异，不断地推动着种植业、养殖业的发展；与此同时，我国是人口大国，为人民健康保驾护航的医学同样发展迅速。快速发展意味着科学知识、实用技术更新迭代的加快，只有使用最新的成熟技术和知识，才能为贵州产业发展、生态环保、健康生活提供保障，满足广大群众的期盼和渴求。书系中的各个板块，都力图将相关领域最新科学知识和技术化繁为简、化难为易，让阅读该书的广大群众尽快掌握和运用。

在形式上，书系以图文搭配、图文互彰的活泼形式，让严谨的科技知识更易被普通群众接受。书系的主要服务对象为活跃在田间地头的科技特派员、村里的种植户与养殖户（包括合作社、公司等负责人）、农村特殊人群（如患常见疾病的病人、职业病病人、孕产妇、老年人、儿童等）、驻守一线的村干部、返乡大学生、农技员等，如何将正确的理念、前沿的知识、优秀的技术“接地气”地传达给他们，经调查研究、试验、甄别，参考优秀“三农”图书，最终，我们采用科普读物、学术专著兼具，但对科普有所偏重的组织架构。其中，科普读物采用清晰明了的图片、图示配合简明易懂的文字这一出版形式：文字简洁，可以让读者直接抓住实用知识和信息，不走弯路，节省时间；清晰的图片、图示，既可将方块字、数据蕴含的信息可视化，又能丰富和补充文字信息，甚至能呈现由于文字自身的模糊性而无法清楚传递的信息。活泼的设计也有助于调节视觉疲劳和阅读节奏，让纯粹以获取知识和技能、解决问题和困难为目的的阅读不再枯燥乏味。此外，书系中大部分图书采用了口袋书设计，便于携带。

书系的作者，都是在相关领域有扎实的专业知识的。在种植、养殖板块，我们邀请了从事教学和研究多年的专家，以及长期深入田间地头指导具体操作的科技特派员和农技员；在健康板块，作者都从医多年，对于农村人群健康素养水平的提升、常见疾病的防治等经验丰富；在农村“五治”（治垃圾、治厕、治水、治房、治风）板块，我们邀请了从事规划和教学的专家……总之，书系作者既对自己研究的领域有扎实研究，又熟悉贵州的气候、资源禀赋、地形地貌等，与此同时，他们还十分了解这片土地上生活着的人们内心的期待和需求，有着以自身所学所研回馈这片土地的质朴赤子情，也有着“将论文写在大地上”的奋斗精神。

“贵州乡村振兴”书系目前包含“生态农村建设系列”丛书、“农村健康生活知识手册”丛书、“茶叶栽培加工技术手册”丛书、“特色中药材种植养殖技术手册”丛书、“林木作物、农作物种植技术手册”丛书、“畜禽养殖技术手册”丛书、“水产生态养殖技术手册”丛书、“农技员培训系列”丛书等。随着乡村振兴战略的实施，我们也将适时新增板块，以配合和助力贵州乡村振兴的强力推进。当然，虽名为“贵州乡村振兴”书系，主要是为配合贵州乡村振兴工作而策划，但也适用于国内其他部分省（区、市）。

贵州曾是全国脱贫攻坚主战场，当前则是全国乡村振兴战略实施的主战场，统筹城乡一体化发展的任务十分艰巨。

希望“贵州乡村振兴”书系的推出，可以切实助力于“新型工业化、新型城镇化、农业现代化、旅游产业化”目标的实现，乃至助力于全面建成社会主义现代化强国和实现中华民族伟大复兴。

是为序。

中国工程院院士

贵州大学校长

2023 年 3 月

提升农村群众健康素养水平是实施乡村振兴战略的重要前提，是农村经济社会发展的重要基础，是巩固拓展脱贫攻坚成果的重要保障。2021年，中央一号文件《中共中央 国务院关于全面推进乡村振兴加快农业农村现代化的意见》专门提出：全面推进健康乡村建设，加强妇幼、老年人、残疾人等重点人群健康服务，加强对农村留守儿童和妇女、老年人以及困境儿童的关爱服务。2022年，《国务院关于支持贵州在新时代西部大开发上闯新路的意见》（国发〔2022〕2号）进一步提出：推进健康贵州建设，提升基层卫生健康综合保障能力。2023年，《中共中央 国务院关于做好2023年全面推进乡村振兴重点工作的意见》提出：加强农村老幼病残孕等重点人群医疗保障，最大限度维护好农村居民身体健康。

我国现有5亿多农村人口，其中外出务工人员，以及留守老人、留守儿童等特殊人群占很大比例。贵州省疾病预防控制中心的监测数据显示，贵州农村人群的死亡率高于全国及西部平均水平，因慢性病导致的死亡人数占农村全部死亡人数的84.0%。2018年，贵州农村居民接受健康体检的比例仅有32.2%，低于城市地区比例（41.0%），而高血压、糖尿病等慢性病的患病率，农村与城市已没有差异。

如何做好巩固拓展脱贫攻坚成果和乡村振兴的有效衔接，如何推进健康乡村建设，开展健康知识的普及与宣传，增强农村群众的文明卫生意识和健康素养水平，是巩固拓展健康扶贫成果、实施乡村振兴战略的重要课题。

欣闻“贵州乡村振兴”书系即将出版，其中由贵州省疾病预防控制中心牵头编写的“农村健康生活知识手册”丛书以图文并茂的形式，围绕当前农村地区的常见病、多发病以及广大农村群众关心的健康问题，不仅介绍了高血压、糖尿病等常见病的防治知识，老年人、儿童、孕产妇等重点人群的健康管理方法，农村常见毒蘑菇识别要点，农村常见意外伤害、自然灾害防治知识等，还对农村群众就业、就医中急需的职业病防治、医保政策要点以及合理用药、免疫接种、膳食营养等知识进行了科普宣传，内容深入浅出，文字通俗易懂，契合农村群众的实际需要。这种形式的健康科普非常符合世界卫生组织提出的“将健康融入所有政策（Health in All Policies，HiAP）”的方针，必能为提升广大农村群众的健康素养水平发挥积极的作用。

衷心祝愿阅读该丛书的广大农村群众，更加健康，更加幸福！

2023 年 2 月 1 日

（吴静为中国疾病预防控制中心慢性非传染性疾病预防控制中心主任，研究员）

# 目录

# 第一篇

# 健康为什么那么重要?

# 健康为什么那么重要？

健康是一个人正常工作和生活的基础，如果没有了健康，那么一切（如家庭、财富、事业等）就失去了根基。俗话说“身体是革命的本钱”，只有好好爱惜自己的身体，保持健康，才能对自己负责，对社会和家庭负责，才能去实现个人价值与社会价值。

家庭

财富

事业

# 健康包括哪些内容？

健康首先表现为生理上不要有病痛和损害。同时，健康还有心理上的要求，需要人的心态积极向上。

# 生理健康需要怎么做?

生理健康大多需要做加法，多活动、多锻炼、多调适；有时也需要做减法，少吃一点，少刺激一点，少熬点夜。

# 心理健康需要怎么做？

心理健康需要我们坦然面对世界与人生的许多事情，需要大度、需要调适、需要谨慎。

# 生理健康和心理健康哪个更重要？

心理健康是生理健康的精神支柱，生理健康又是心理健康的物质基础。良好的情绪状态可以使生理功能处于最佳状态，反之则可能引起疾病。身体状况的改变可能带来相应的心理问题，生理上的缺陷、疾病往往会使人产生烦恼、焦躁、忧虑、抑郁等不良情绪。所以，两者同样重要。

## 第二篇

# 运动有哪些好处？

# 运动与高血压

运动可以预防高血压，稳定血压，适度运动配合药物还能治疗轻度高血压。

# 运动与糖尿病

运动可以降低患糖尿病的概率，糖尿病患者适度运动可以降低血糖，延缓糖尿病引起其他并发症。

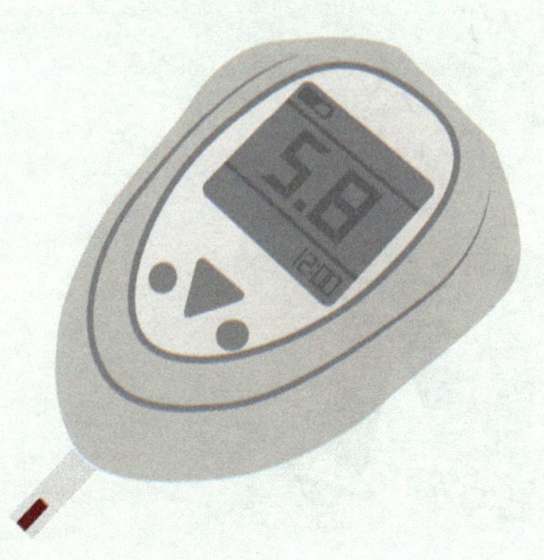

# 运动与骨质疏松

运动可以提升我们骨骼的强度，预防骨质疏松。

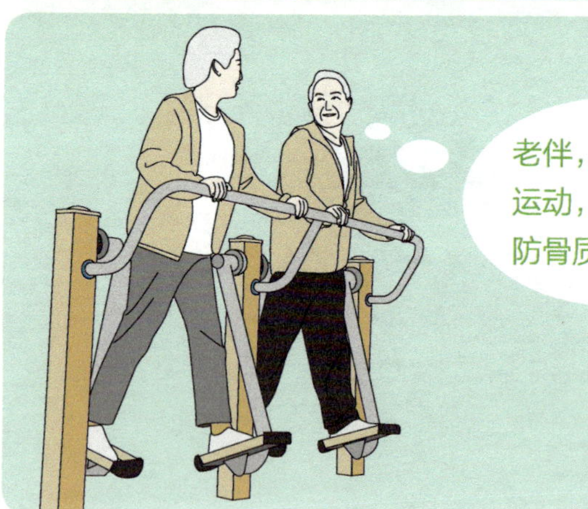

# 运动与癌症

科学研究表明：科学运动可以降低恶性肿瘤（如结肠癌、乳腺癌等）的发病率。

# 运动与免疫力

运动可以提高我们的免疫力，减少生病！

# 运动还有其他好处吗？

当然啦，运动不仅能减肥、治疗脂肪肝，还能改善我们的心情，提高幸福感。

运动有那么多好
处，我们一起来
看看生活中适合
参加的运动有哪
些吧！

# 第三篇

# 生活中适合参加的运动有哪些？

# 生活中适合参加的运动有哪些？

| | |
|---|---|
| 01 | 有氧运动 |
| 02 | 力量训练 |
| 03 | 中国传统运动 |
| 04 | 其他运动 |

# 有氧运动

有氧运动是指运动过程中人体吸入的氧气能满足身体需求的各种运动，是最基本的体育运动。

## 哪些运动属于有氧运动？

日常健走、慢跑、登山、骑自行车、游泳等都属于有氧运动。

## 有氧运动有哪些好处？

科学的有氧运动可以提高我们的心肺功能、减轻体重、调节血压、调节血脂等。

## 哪些人适合进行有氧运动？

**推荐人群：**所有人。

# 力量训练

力量训练是指通过身体的活动来克服阻力，从而增强肌肉力量的运动。

## 哪些运动属于力量训练？

常见的俯卧撑、原地纵跳、仰卧起坐等都属于力量训练。

## 哪些人适合进行力量训练？

**推荐人群：**有增肌、减肥需求的人。

# 中国传统运动

中国传统运动是指中国各民族从古流传至今的体育活动。

## 哪些运动属于中国传统运动？

武术、气功等方面的运动都属于中国传统运动，如太极拳、八段锦等。

## 中国传统运动有哪些好处？

中国传统运动可以提高我们的心肺功能、平衡能力，调节心情，而且安全性高。

## 哪些人适合中国传统运动?

**推荐人群**：中老年人。

# 其他运动

其他运动包括球类运动及拉伸运动，球类运动如打乒乓球、打羽毛球等，拉伸运动如瑜伽、拉筋动作等。

## 球类运动有哪些好处？

球类运动可以提高人体心肺功能、加强肌肉力量及加快反应速度。

## 拉伸运动有什么好处？

拉伸运动是一种缓慢、柔软、有节奏的运动，可以增强肌肉柔韧性，预防肌肉和关节损伤。

# 第四篇

# 怎样选择体育活动？

# 想提高心肺功能的人

选择有氧运动（如健走）、球类运动（如打羽毛球）等。

# 想控制体重的人

可选择长时间快步走、慢跑、骑自行车等运动。

# 想改善心情的人

可选择娱乐性球类运动，或者太极拳、八段锦等中国传统运动。

# 第五篇

# 怎样把握运动的时间和强度？

# 每次运动包括几个部分？

我们日常进行一次运动应该包括以下4个部分：热身、健身训练、整理活动、拉伸。其中每一个部分都应该科学地进行时间和强度监控。

## 热身

5~10分钟低到中等强度的运动，比如振臂跳、垫步直腿跳、屈髋外展跳等，这是让心率缓慢上升的过程，让身体温度升高，肌肉活性增大，避免运动损伤的发生。

## 健身训练

20~60分钟中等到高强度的运动，我们可以选择有氧运动（如健走）、球类运动（如篮球、乒乓球、羽毛球）等，运动是否有效就取决于这段时间。

## 整理活动

5~10分钟低到中等强度的运动，此时本次运动接近尾声，这是让心率缓慢下降的过程。我们可以选择行走、慢跑等。

## 拉伸

至少10分钟的拉伸运动，此时心率和身体机能趋于平静，拉伸能够很好地防止肌肉紧张，舒缓身心。

# 每周运动强度是多少？

建议大多数成年人的运动频率是每周3~5次。如果是进行较高强度运动，则建议一周3次；如果是进行中等强度运动，则建议一周5次。

# 每天运动强度是多少？

《中国成人身体活动指南》指出，成人每日应达到6000~10 000步当量的身体活动；老年人每日进行30~60分钟中等强度的身体活动。

第六篇

# 运动需要遵循哪些原则？

# 安全

# 全面发展

选择全身肌肉参与的运动，这样才能达到全面发展的效果。

# 循序渐进

从简单运动开始，逐渐增加运动强度，这样才能达到最佳的运动效果。

第七篇

# 生活中哪些情况不适合运动？

# 早晨

早晨是人体生理机能最低潮的时间，此时人的体温比较低，脉搏很慢，如果剧烈运动，身体不容易适应，很容易受寒冷空气刺激，从而发生心脑血管疾病或风湿关节痛，所以早晨不适合锻炼。

# 强风天气

强风天气可能伴有扬沙，运动时容易吸入含有尘埃、细菌的气体，可能导致呼吸系统的负担加重，引起咳嗽、消化系统疾病发作或者岔气，还容易引起皮肤干燥，开裂。

这种天气还是不适合运动，我这皮肤都吹裂了，关节也痛起来了，早知道就不出来运动了。

# 身体不适

# 空腹

不建议空腹运动是为了预防身体不适，如低血糖、胃部不适、肌肉代谢异常等。因为空腹的状态下，体内的血糖水平通常较低，而运动需要能量支持，如果没有足够的血糖供应，可能会导致能量供应不足，并引起低血糖症状，如头晕、乏力、恶心等。

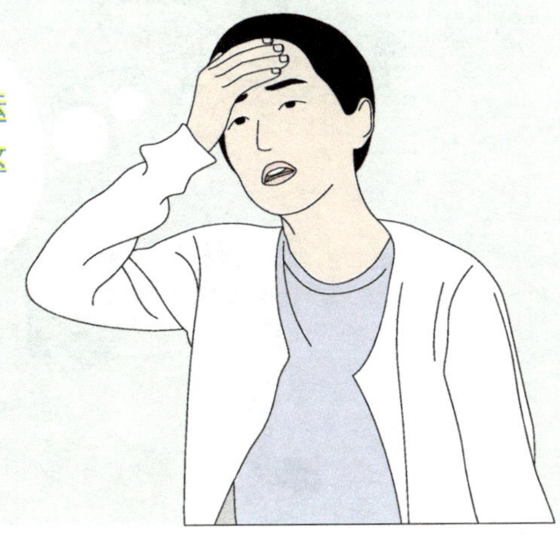

# 酒后

酒精具有抑制心肌收缩的作用，酒后运动会进一步加重心肌负担，对心脏产生危害。

第八篇

# 怎样预防运动伤害？

# 选择安全的运动场所

# 带好物品

记得带上电话、水、证件和一些食品哦！

# 合适的鞋子

要根据不同的运动方式选择适合自己的鞋子，如慢跑鞋、气垫鞋、平底鞋等。

# 运动护具

运动过程中容易造成损伤，所以在运动前一般要佩戴一些护具，比如腕关节可以使用腕托，膝关节周围可以使用膝关节保护带，腰部一般可以使用腰围，这样可以预防运动损伤。

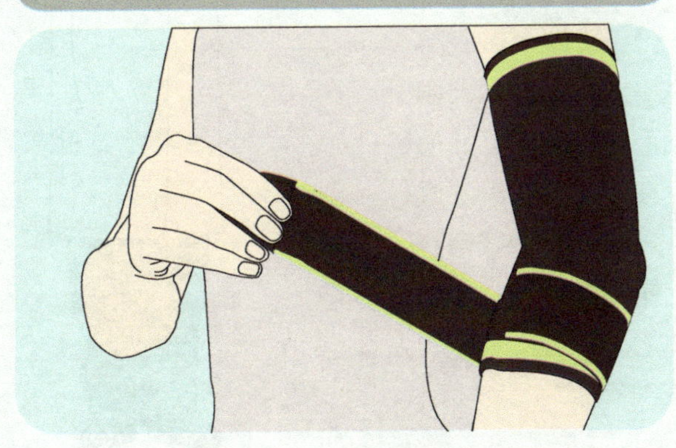

# 特殊人群

# 第九篇

# 如何对运动伤害进行简单处理？

# 休息

出现急性运动伤害时，首先就地休息，避免进一步伤害患处，防止伤情恶化。

# 冰敷

运动中肌肉急剧收缩或被过度牵拉，就容易造成肌肉拉伤。这时要立即停止运动，并进行冷处理，即用冷水冲洗或毛巾冷敷，使小血管收缩，减少局部充血和水肿。

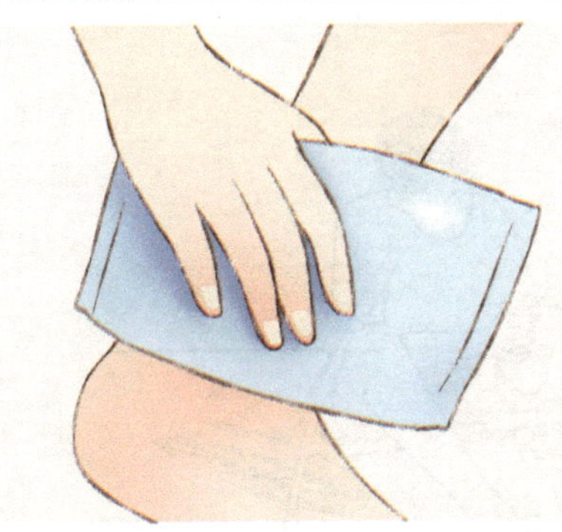

注意：不要热敷或用药酒、红花油等按摩患处，否则会加重皮肤肿胀和疼痛！！！

# 涂医用碘伏

最常见的损伤莫过于皮肤表面的擦伤了，擦伤多发生于身体四肢部位。器械使用不当时，非常容易造成擦伤。如果擦伤部位较浅，涂上医用碘伏即可；如果擦伤部位较脏或渗血，应该先用生理盐水清洗创口，然后再涂医用碘伏。

# 压迫

选择弹性绷带压迫伤处，可以防止患处继续出血。

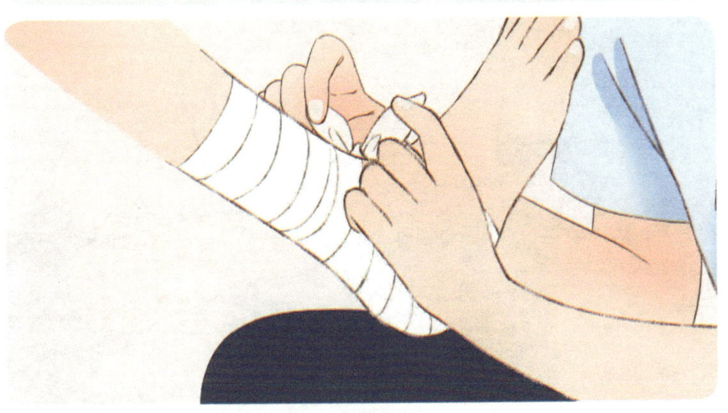

# 抬高患肢

抬高患肢达到腰部高度，可以帮助减轻患肢水肿。

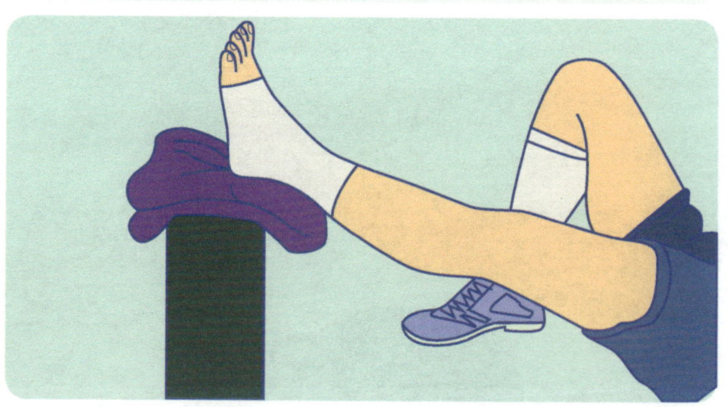

# 及时就医

别忘了，做完简单的处理后，还需要到正规医院进行医学诊治哟。